TROIS SEMAINES

A

MOSCOU

ROBERT CALMON

TROIS SEMAINES

A

MOSCOU

MAI — JUIN 1883

PARIS

CALMANN LÉVY, ÉDITEURS

ANCIENNE MAISON MICHEL LÉVY FRÈRES

RUE AUBER, 3, ET BOULEVARD DES ITALIENS, 15

A LA LIBRAIRIE NOUVELLE

1883

TROIS SEMAINES

A

MOSCOU

Mercredi 16 mai.

C'est à Berlin que l'ambassadeur nous a donné rendez-vous. C'est de Berlin que nous devons faire route ensemble vers Moscou. Aussi, dès le 16, y sommes-nous réunis : M. et Mme Waddington, le comte de Pontécoulant, ministre plénipotentiaire; le général Pittié, chef de la maison militaire du président de la République; le comte de Sesmaisons, colonel du 6e chas-

seurs; M. Richard Waddington, dé-
puté, capitaine d'artillerie territoriale;
M. François de Corcelle, premier se-
crétaire d'ambassade; le commandant
Fayet, attaché à la personne de M. le
président de la République et celui qui
écrit ces lignes, attaché à la mission
comme sous-lieutenant de réserve au
32° d'artillerie.

N'en déplaise à un patriotisme dé-
placé, Berlin est fort agréable. Je re-
vois avec plaisir ses grandes rues aux
maisons blanches et bien alignées,
Unter den Linden, toujours si animé
et à la porte même de la ville le *Thier-
garten*, parc charmant, promenade
favorite des Berlinois, percé d'innombrables canaux, dont les eaux, bien
que croupissantes, sont agitées le di-

manche par les rames d'une quantité de petits bateaux, dans lesquels des familles entières sont entassées.

Jeudi 17 mai.

Quel encombrement et pourtant quel ordre dans cette gare de la Friedrichstrasse! Voyageurs et curieux — car les gares allemandes sont ouvertes au public — tout ce monde circule sans la moindre difficulté. L'esprit d'organisation est une des forces principales de l'Allemagne. Nulle part ailleurs en Europe, on ne le trouve aussi puissant. Bientôt le train nous emporte, et nous nous réveillons le lendemain en pleine

Poméranie, sur le vaste plateau qui sépare l'Oder de la Vistule. A dix heures nous franchissons la frontière et nous entrons dans la gare d'Alexandrowo. Un détachement d'infanterie russe est sous les armes sur le quai de la gare, car le prince Henri de Hesse voyage dans le même train que nous. Vêtu de la capote allemande, casquette en tête, il passe en revue cette troupe, tandis que son valet de chambre, le casque du prince à la main, court derrière lui pour lui donner cette coiffure qu'il a négligé de mettre.

Pendant que l'ambassadeur et Mme Waddington déjeunent avec le prince Henri de Hesse dans les appartements préparés pour lui, et pendant que les officiers russes examinent nos passeports, nous cherchons à déjeuner dans le buffet de la gare. La cuisine russe ne nous tente guère. Je n'oublierai pas certaine soupe au lait aigre, dans laquelle un énorme morceau de glace nageait au milieu d'oignons verts et de concombres. Heureusement il y a du thé! Le thé sera longtemps notre ressource. Un thé délicieux servi dans des verres avec une tranche de citron. Que le thé de France me semble fade depuis que j'ai connu le thé de Russie!

Cinq heures nous séparent encore de Varsovie, et pendant cinq heures la route traverse un pays plat. Plus de maisons aux toitures rouges, plus de jardins proprement entretenus. De loin en loin, des cabanes en bois,

1.

basses et couvertes de chaume, sont alignées sur deux longs rangs. C'est un village polonais jeté au milieu de la vaste plaine, dont les bouleaux et les sapins rompent seuls l'uniformité. Lorsque le train s'arrête, des femmes, pieds nus, vêtues de haillons si légers que leur corps se dessine au travers, courent le long du train, une cruche d'une main, un verre de l'autre, cherchant à vendre aux voyageurs une boisson à laquelle je préfère ne pas goûter. Elles trottent sous la pluie qui tombe à verse, attristant encore davantage ce sombre paysage.

Enfin, nous sommes à Varsovie. Il n'est pas besoin d'un long séjour pour y remarquer en toutes choses, d'un côté, l'arbitraire; de l'autre, l'aversion. Ici, c'est un monument élevé par les Russes aux soldats tués en 1830, sorte de pyramide noire d'un goût douteux ; ailleurs, c'est une église catholique devant laquelle s'étend un petit jardin mal entretenu, planté à l'endroit même où furent pendus les insurgés de 1863, et devant lequel les Polonais ont coutume de se découvrir. Les rues de l'ancienne capitale de la Pologne sont désertes. La ville est encore sous une pénible impression. Il y a quelques jours, un étudiant a souffleté un professeur russe au nom de ses camarades. La police et la troupe ont dû intervenir. Les auteurs du désordre ont été saisis et conduits à Saint-Pétersbourg, première étape d'un plus long voyage, à moins que les fêtes du couronnement n'en abrègent la durée. Le châtiment est-il proportionné à la faute? le même fait commis en Russie aurait-il été puni de la même façon?

Par une remarquable coïncidence, tandis que le gouvernement russe vient d'interdire l'enseignement du catéchisme catholique en langue polonaise, l'Allemagne accorde aux Polonais de son empire ce que le gouvernement russe défend aux siens.

Russes et Polonais ne se trouvent sur un terrain commun que pour vouer une haine farouche aux Juifs, qui tiennent ici tout le petit commerce, exploitant les fonctionnaires russes, auxquels ils prêtent avec usure, et les Polonais, auxquels ils servent d'inter-

médiaires pour toutes les transactions.
Sept d'entre eux ont été massacrés l'an
dernier sur les marches de l'église
Sainte-Croix, sans qu'un soldat de
police ait pris la peine de les défen-
dre. Leur crime était d'avoir crié :
au feu ! pendant la messe de Noël.

Il est certain qu'ils ne sont pas
agréables à voir, ces juifs polonais
avec leur longue lévite crasseuse. La
tête en avant, le dos voûté, le nez
crochu, le regard bas et fuyant, c'est
bien là le type d'une race dégénérée,
prête à tout faire pour de l'argent,
habituée à recevoir les coups sans les
rendre. Ils sont les souffre-douleurs
des chrétiens dont ils se vengent en
les exploitant. Un détail montrera leur
abaissement et la manière dont Russes

et Polonais en abusent. Le cocher qui me conduisait, trouvant qu'un charretier juif ne se rangeait pas assez vite sur son passage, cingle d'un vigoureux coup de fouet le cheval israélite, et ce n'est qu'en se blottissant sous sa marchandise, que le juif évite lui-même le second coup de fouet qui lui était destiné.

Une promenade à la Jenska, parc ravissant au milieu duquel est un château, résidence des grands-ducs lorsqu'ils viennent en Pologne, puis au jardin de Saxe, situé au centre de la ville, nous fait rapidement connaître Varsovie, dont la seule curiosité est le château royal bâti sur une petite éminence au bord de la Vistule. Nous nous hâtons de dîner pour aller à l'Opéra où une représentation extra-

ordinaire réunit, en l'honneur de
Mlle de Reszké, toute la société polonaise. A celle-ci se joignent, sans se
mêler avec elle, les principaux fonctionnaires russes, parmi lesquels le
sous-gouverneur général de Krudener,
un des héros de Plewna. Cette représentation est curieuse. Mlle de Reszké
chante en italien, le ténor en allemand, et le baryton en polonais, ce
qui, dans les trios, produit un effet
très étrange. Pas un applaudissement
n'encourage les chanteurs, et pourtant le ténor en aurait eu grand
besoin; mais à la fin que de bouquets
sont jetés sur la scène, et que de fois
le nom de Reszké retentit dans la salle!
Mlle de Reszké a remarquablement
chanté, et de plus, elle est Polonaise.

Vendredi 18/6 mai.

Une promenade au château de Villa Nowa, situé à huit verstes[1] de Varsovie remplit cette journée. C'est un vieux château, jadis propriété de Jean Sobieski ; tout y rappelle encore le grand roi. De nombreux objets d'art, parmi lesquels les bustes de Sobieski, celui de sa femme, une jolie tête de Greuze et des cadeaux envoyés par le pape après la délivrance de Vienne, ornent le rez-de-chaussée, tandis que le premier étage a été transformé en musée chinois. Une terrasse bordée de grands arbres conduit à la Vistule. Le château

1. La verste est de 1 kilomètre 70 mètres.

de Villa Nowa est aujourd'hui la propriété de la comtesse Potocka. Une large route y conduit, fort mal entretenue, du reste, quoique l'on soit obligé pour entrer à Varsovie de payer à la barrière quelques kopecks [1] destinés à l'entretien de la vicinalité.

Quitter Varsovie n'est pas chose facile. On ne peut avoir à l'hôtel ni son passeport ni sa note. Le passeport, parce que la note n'est pas prête, la note, parce que le passeport n'est pas rendu. A quoi servent ces passeports ? Les papiers des nihilistes sont toujours en règle, et les juifs en procurent d'excellents. C'est que le passeport est soumis à 70 kopecks de timbre

1. Le kopeck est la centième partie du rouble.

2

chaque fois qu'il est visé, c'est-à-dire
chaque fois que l'on change de domi-
cile, et 70 kopecks multipliés à l'infini
finissent par faire de bons roubles
dont le gouvernement n'a pas le droit
de faire fi, surtout si l'on songe que
le rouble dont la valeur est de 3 fr. 90
est descendu à 2 fr. 50 aujourd'hui.
Enfin, une note bien ronde nous est
apportée, nos passeports paraphés,
timbrés, nous sont remis, et nous
nous dirigeons vers la gare de Moscou
située de l'autre côté de la Vistule,
dans le faubourg de Praga, célèbre
par les massacres de Souwarow.
Praga n'est qu'un grand village. Ses
larges rues bordées de maisons de
bois semblent désertes. Ce faubourg
est relié à Varsovie, par un grand

pont jeté sur la Vistule qui, à cet endroit, est large d'environ 500 mètres, et dont les lointaines perspectives rappellent les contours ondulés de la Loire.

A Varsovie commence la voie russe plus large que les voies européennes. Cette différence d'écartement ne permettant pas aux wagons des autres nations de circuler en Russie, le transbordement de toutes les marchandises devient nécessaire. On dit que cette mesure a été prise pour éviter le transport de troupes ennemies en cas d'invasion. Précaution naïve contre laquelle le remède est déjà trouvé.

Nous nous séparons du consul général de France, M. Boïard, et de son chancelier, M. Pradère-Niquet dont l'obligeance nous a été si utile pendant notre séjour à Varsovie, et nous montons dans les wagons que la compagnie du chemin de fer de Varsovie à Brest a mis à notre disposition. L'ingénieur qui doit nous accompagner jusqu'à Moscou, M. Karol Crajkowski, nous annonce qu'il a pris soin de faire préparer nos déjeuners, dîners et thés. Nous apprenons avec stupéfaction que de deux heures en deux heures, un repas nous sera servi. C'est l'usage russe, il faut s'y soumettre.

Ces wagons dans lesquels nous devons passer trente-six heures sont d'immenses voitures, la première contenant deux petites pièces semblables à celles des sleeping-cars, et une grande pièce où sont alignés, sur trois

rangs, quinze fauteuils qui se déve-
loppent la nuit pour servir de lit. La
seconde, reliée à l'autre par un pont,
contient également deux petites pièces;
mais le dortoir est remplacé par un
salon convenablement meublé et par
une chambre à coucher dans laquelle
il est d'usage de se découvrir, parce
qu'une image de la Vierge est accro-
chée au mur. Un poêle, destiné à
chauffer les voyageurs en hiver, et des
cabinets de toilette complètent cette
installation. A peine roulons-nous
depuis deux heures, que M. Karol
Crajkowski nous annonce Brest. Le
dîner est prêt. Non pas un dîner de
buffet, mais un vrai dîner, servi dans
une salle spéciale par trois hommes en
habit, portant chacun un numéro à la

boutonnière. Les vins de France ne manquent pas et le château Yquem qu'on nous sert est de très bonne qualité. Du reste, nous nous apercevons que le maître de ce buffet est tout à fait désireux de nous donner ce qu'il a de meilleur, et qu'il est en même temps résolu à profiter de notre passage. Ses semblables que nous trouverons sur notre route ne procéderont pas autrement à notre égard. Nous partageons ce repas avec les membres de la mission hollandaise qui voyagent depuis Varsovie dans le même train que nous, et avec qui nous entretiendrons, pendant notre séjour en Russie, les relations les plus cordiales. Une mission composée comme celle-là honore le pays et le souverain qu'elle est chargée de représenter.

En quittant Brest nous quittons aussi cette Pologne, autrefois libre et grande, aujourd'hui morcelée et partagée entre trois empires. Les Polonais Autrichiens sont les plus heureux ; si l'indépendance leur manque, ils ont du moins la liberté. La Diète réunie à Cracovie fonctionne librement. Ceux qui font partie de l'empire d'Allemagne ont leurs représentants au parlement. Seuls, les Polonais Russes n'ont ni indépendance ni liberté. Ils sont à plaindre, car c'est un peuple soumis à un autre peuple moins civilisé que lui. Les Russes, en effet, ne sont pas mûrs pour la liberté. Longtemps encore ils seront forcément soumis à une tutelle, quelle qu'elle soit ; mais, est-ce à dire pour cela que la Pologne doive être traitée non seulement comme un peuple enfant, mais encore comme un peuple vaincu? Est-ce une raison pour supprimer jusqu'au nom de ce royaume, que les Russes affectent d'appeler la province de la Vistule, tandis que l'empereur en porte la couronne royale sur son front?

Samedi 19/7 mai.

Qu'elle me semble longue, cette journée passée au milieu de ces plaines monotones, coupées seulement çà et là par d'étroits ravins! De loin en loin, une forêt de sapins et de bouleaux, si nombreux qu'ils servent à chauffer les locomotives, repose les yeux fatigués du spectacle de cette immensité; mais bientôt recommence la plaine où paissent de grands troupeaux de vaches, tandis que de petits chevaux enfoncés jusqu'aux genoux dans la boue des marais y prennent une maigre nourriture.

Pourtant, que de souvenirs sur cette terre que la grande armée, jusque-là victorieuse, avait foulée triomphante, et qui devenait, quelques mois plus tard, le théâtre de son agonie! Que de noms désormais mêlés à notre histoire: Minsk, Borisov où nous traversons la Bérésina bordée de marécages, à quelques kilomètres au sud du point où tant d'hommes furent engloutis; Smolensk, bâtie sur une éminence avec sa ceinture de murailles rouges baignée par le Dniéper!

Dimanche 20/8 mai.

Nous sommes debout de bonne heure. A quelques verstes de nous est Borodino. Là fut livrée la bataille de la Moskowa, une des plus sanglantes du siècle, dont le régiment du colonel de Sesmaisons, le 6° chasseurs, porte le nom sur son étendard.

Les maisons deviennent moins rares. Des jardins cultivés signalent la banlieue d'une grande ville, et bientôt à l'horizon des coupoles brillent sous les premiers rayons du soleil. C'est

Moscou. Telle lorsqu'au bout des lagunes le voyageur aperçoit Venise étincelante sortant de l'Adriatique, tel apparaît Moscou émergeant de la plaine immense.

Le consul de France, M. de Lagrené, vient nous chercher suivi de plusieurs membres de la colonie française, heureux de voir des Français venant de la France que la plupart d'entre eux ne connaissent pas. Dans la cour de la gare nous sommes assaillis par les cochers de drojki, qui ruissellent de sueur sous leur longue houppelande. Coiffés d'un tout petit chapeau très évasé, ils nous offrent le cachet de cuivre pendu à leur cou par une ficelle, et sur lequel est frappé leur numéro. Nous avons grand'peine à nous en débarrasser, pour monter dans les voitures qui nous attendent. La Tverskaïa, que nous suivons pendant une partie du trajet, est la rue que doit parcourir le cortège impérial le jour de l'entrée solennelle. Les maisons sont déjà pavoisées, une épaisse couche de sable recouvre le pavé pointu, et l'on dresse les tribunes qui recevront les spectateurs privilégiés. Bientôt nos voitures s'arrêtent devant un hôtel sur lequel flotte le drapeau français entre deux drapeaux russes. Nous sommes dans la Malaïa Dmitrowska. C'est la maison Klein louée pour l'ambassade.

A peine sommes-nous débarqués que nous voyons arriver le colonel de Benkendorff, attaché par le gouvernement russe à notre mission pour la durée des fêtes du couronnement. Ce jeune colonel est un vrai soldat. Il a laissé un morceau d'oreille devant les redoutes de Plewna, mais en échange il y a pris un sabre turc qu'il porte avec la dragonne de Saint-George, récompense de sa bravoure. Il a au cou la croix de la Légion d'honneur qu'il reçut lors de l'enterrement de l'empereur Alexandre II, où il escortait le général Pittié, représentant à ces funérailles le président de la République. Le colonel sort de sa poche un énorme dossier et énumère tout ce que nous avons à faire, visites, cartes à porter. Il nous trace pour plusieurs jours notre besogne et nous annonce que demain à midi

nous serons reçus par l'empereur.
Désormais, il est des nôtres; son couvert est mis à la table de l'ambassadeur et, jusqu'au jour où nous quit-
terons la Russie, son inépuisable
obligeance ne cessera de nous venir
en aide.

Lundi 21/9 mai.

A dix heures, trois voitures de la
cour sont devant la porte; elles sont
attelées de quatre chevaux, ceux de
volée conduits par un homme à cheval, ceux du timon menés par le
cocher assis sur un siège à housse;
de plus, deux hommes d'attelage trot-

tent derrière chaque voiture. M. Waddington monte seul dans la première,
et les autres membres de la mission
dans les deux autres. Nous suivons le
chemin par lequel nous sommes arrivés, et bientôt nous nous trouvons
hors de Moscou sur une large avenue
bordée de restaurants et de maisons
de campagne. C'est par cette route
que Napoléon quitta la ville en flam-
mes, pour se réfugier au palais Pétrowski où l'empereur doit nous recevoir. Cette résidence impériale est
située presque au bord de la route dont
elle n'est séparée que par une grande
cour, fermée d'une grille blanche. Le
château est adossé à un parc, tandis
que devant, de l'autre côté de la route,
s'étend un vaste terrain de manœu-

vres, livré aux ouvriers qui terminent les préparatifs de la fête populaire. Nous pénétrons dans une salle ronde où se trouve déjà la mission italienne composée du personnel ordinaire de l'ambassade, accrédité spécialement pour la circonstance. Arrivée à Moscou avant nous, elle sera reçue la première. La salle est remplie de chambellans et de maîtres des cérémonies. La plupart d'entre eux ont à la main la canne noire à pomme d'ivoire cravatée de bleu, tandis que devant la porte de l'empereur se tiennent deux nègres impassibles, portant un costume à peu près semblable à celui de nos zouaves, mais tout couvert de broderies d'or. Sur leur épaule droite est jeté un merveilleux châle de cachemire qui, noué à la hanche opposée, forme comme une sorte d'écharpe. Quatre nègres sont toujours affectés au service de l'empereur, en souvenir de ceux que le sultan donna jadis à la grande Catherine.

Enfin la porte s'ouvre et l'empereur paraît. Alexandre III est grand, très fort, blond, chauve et porte toute sa barbe. Ses yeux ronds, avec leur paupière inférieure très basse, impriment à sa physionomie une expression de grande bonté. Si le sang allemand mêlé dans ses veines au vieux sang des Romanoff donne à son extérieur un cachet tout germanique, son âme est russe. Sa volonté est de rendre à la Russie l'ancienne physionomie nationale. Ainsi a-t-il remplacé le casque à pointe et la tunique de l'armée par une tenue toute différente : une toque d'astrakan, une blouse verte sans boutons, fermée par des sous-pattes, un pantalon gris bleu à passepoil rouge enfoncé dans de petites bottes. Nous le voyons lui-même vêtu de cet uniforme. Après avoir congédié l'ambassade d'Italie, l'empereur rentre dans ses appartements où M. Waddington est bientôt introduit. L'entrevue se prolonge quelques instants parce que l'empereur tient à mettre le cordon de la Légion d'honneur, ce qui est de sa part une haute marque de courtoisie. Nous lui sommes alors individuellement présentés, et il adresse à chacun de nous quelques mots d'un français correct, mais avec une élocution difficile. Sa voix basse est d'une extrême douceur, et sa figure sereine porte une expression visible de confiance dans sa destinée. Seule une petite secousse de tête, mouvement nerveux, trouble par intervalles la régularité de son maintien. Aux uns l'empereur demande s'ils ont déjà vu la Russie, et dans quelles circonstances ; aux autres il fait des questions sur leur situation personnelle, et au bout de quelques minutes, il se retire faisant résonner les grosses molettes de ses éperons d'ordonnance.

Nous quittons cette salle pour y revenir quelques instants après. Les officiers de service ont disparu et sont remplacés par les demoiselles d'honneur de l'impératrice, qui portent le chiffre en diamants attaché à l'épaule gauche par un ruban de soie bleue. Les appartements de l'impératrice où est introduit M. Waddington font face à ceux de l'empereur. L'audience terminée, nous sommes présentés à l'impératrice qui, de même que l'empereur, adresse à chacun de nous quelques paroles bienveillantes.

L'impératrice Marie Feodorowna est de petite taille, sa physionomie est d'une rare finesse. Tout en elle respire la grâce. Elle parle en souriant, de ce doux sourire dont les femmes du Nord ont seules le secret.

Nos devoirs sont remplis pour aujourd'hui, et tandis que, rangés dans

le vestibule, un escadron de cosaques
du Don rend à l'ambassade les hon-
neurs militaires, nous remontons
dans les voitures de la cour qui
doivent nous reconduire à la maison
Klein. Si les chevaux de la cour sont
beaux, les voitures pourraient être
mieux tenues, et quant aux cochers,
ils ne savent pas porter la livrée.
Voûtés sous leur grand manteau rouge
à pèlerine, bordé d'un galon d'or où
sont tissés des milliers de petits aigles
russes noirs, le chapeau posé sur la
tête, presque toujours de travers, ils
font involontairement penser à ces
cochers des pompes funèbres arrêtés
devant un cabaret.

Mardi 22/10 mai.

Les mesures de précaution sont bien prises, l'empereur pourra faire son entrée triomphale dans Moscou, et pourtant une vague inquiétude règne, car la journée d'aujourd'hui est la plus redoutée. Vingt mille hommes de police, choisis parmi les plus intelligents, ont été appelés de toutes les villes de l'empire. La chaussée de la large rue est séparée des trottoirs par de grosses cordes, et les fenêtres des maisons doivent être fermées. Aux hommes, il est interdit d'avoir canne ou parapluie, aux femmes, ombrelle ou éventail. Malheur à celui qui mangerait une orange ou qui sortirait de sa poche une boîte à sandwiches. La canne peut être une arme à feu, l'écorce de l'orange peut recouvrir une bombe, et la boîte en fer-blanc peut renfermer des projectiles aussi bien que des sandwiches.

Quels sont donc ces hommes redoutés contre lesquels il est nécessaire de prendre ces mesures rigoureuses dont le peuple de Moscou, si calme et si doux, a été blessé, et qui ont refroidi momentanément son enthousiasme? Sont-ils nombreux, ces nihilistes, sont-ils organisés, soumis à une direction unique? Constituent-ils à eux seuls un danger pour la sécurité de l'empire, ou ne trouvent-ils pas plutôt leur force dans un état de choses propre à seconder leurs desseins? Les nihi-

listes actifs se recrutent parmi les
étudiants et parmi des fonctionnaires
révoqués, la plupart, pour concussion.
Les fonctionnaires disgraciés sont,
en Russie, sans moyens d'existence.
Quant aux étudiants, les fonctions pu-
bliques réservées aux familles nobles
leur restent fermées ; aussi, leurs
études terminées, se trouvent-ils
voués à l'inaction et au désœuvrement
qui en est la suite. On prétend que
le programme du comte Tolstoï, en
introduisant le latin et le grec dans
l'enseignement secondaire russe, a
éloigné la jeunesse de la voie où elle
aurait dû être dirigée. Les carrières
libérales n'existant pour ainsi dire
pas en Russie, l'enseignement profes-
sionnel y aurait donné de meilleurs

résultats et n'aurait pas créé cette foule de déclassés, danger permanent pour la sécurité publique. Un bouleversement est donc pour eux nécessaire. C'est pourquoi, tandis qu'à Saint-Pétersbourg, en vue d'amener ce bouleversement, ils cherchent à attenter à la vie de l'empereur; dans les provinces, tous leurs efforts tendent à soulever le peuple, non pas contre l'empereur, que le peuple russe aime et vénère, et en qui il voit le représentant de Dieu sur la terre; mais contre la noblesse qu'ils accusent du meurtre d'Alexandre II, et qui, disent-ils, empêche l'empereur de distribuer de nouveau aux paysans les terres dont tôt ou tard ils auront besoin.

Mais à côté de ces hommes prêts à tout compromettre parce qu'ils n'ont rien à perdre, il y a, même dans l'aristocratie, des hommes instruits, intelligents, qui souhaitent pour leur pays un autre état de choses. Ils n'en veulent pas à la monarchie qu'ils respectent, mais ils se demandent pourquoi ils ne prendraient pas quelque part à la direction de leur pays. Trop honnêtes pour se mêler aux complots, ils les envisagent cependant sans émoi, songeant que l'empereur est jeune, et que leur vie se passera peut-être comme celle de leurs pères, si l'empereur n'octroie à son peuple la constitution à laquelle ils aspirent, ou si une main criminelle n'attente à sa vie; ils attendent sans inquiétude les événements. Le véritable ennemi de l'empire n'est pas le nihilisme, mais le mécontentement général.

Nous devons assister chez le gouverneur à l'entrée solennelle. Le palais du prince Dolgoroukow est à quelques pas de l'ambassade; mais, comme les rues sont barrées, nous devons faire une longue promenade à travers Moscou, avant d'y arriver. Tout le corps diplomatique est réuni chez le général gouverneur, les fenêtres et le balcon sont assaillis. Aussi les plus curieux préfèrent-ils descendre dans la rue pour mieux jouir du spectacle.

A l'heure dite, une vague rumeur, gagnant de proche en proche, annonce l'arrivée du cortège. En tête s'avancent à cheval le maître de police suivi de douze gendarmes ; les cosaques du convoi[1] de l'empereur, avec leur long cafetan rouge, et derrière eux un escadron de dragons.

A cheval aussi les délégués des peuplades asiatiques, portant le costume national, les uns en cafetan, les autres en robe. Quelques-uns sont vêtus presque comme des Chinois. Les riches étoffes de leurs vêtements sont de couleur voyante. Plusieurs d'entre eux sont coiffés du turban, tandis que la plupart ont la tête écrasée par de gigantesques bonnets de fourrure. Parmi ceux-ci sont le khan de Khiva

1. C'est ainsi que les Russes nomment en français ces cosaques qui sont, à proprement parler, les cosaques d'escorte de l'empereur.

et l'émir de Boukhara, dont l'un des fils est élevé au corps des pages. Ils pourront redire dans leur sauvage pays les merveilles dont ils ont été témoins, et ils y reviendront certainement persuadés à jamais de leur impuissance. Un peu plus loin le fourrier de la Chambre, suivi de la livrée de la Cour, des nègres que nous avons déjà vus et de quatre coureurs dont l'étrange coiffure, qui se rapproche de la mitre, est surmontée de plumes placées en travers; le personnel des chasses impériales; puis dans un phaéton[1] attelé de six chevaux, conduits en main par six hommes, deux

1. Ces voitures ainsi désignées sur le *cérémonial officiel* ne ressemblent pas à ce que nous appelons phaéton. Ce sont des victorias dont la caisse dorée est en forme de coquille de noix.

grands maîtres des cérémonies portant leur bâton, et immédiatement derrière eux, seuls chacun dans une voiture semblable, le comte Pahlen, archigrand maître des cérémonies du couronnement, sa crosse en main et le comte Worontsow-Dachkow, ministre de la maison de l'empereur. Une longue file de voitures de gala dorées, contenant des dignitaires et les membres du Conseil de l'empire, précèdent le grand maréchal de la Cour, M. Narischkine, seul aussi dans un phaéton avec son bâton; un escadron de chevaliers-gardes et de gardes à cheval en tunique blanche sous la cuirasse. Ces régiments se distinguent entre eux par une combinaison différente des deux métaux de leur casque.

Enfin, voici l'empereur monté sur un petit cheval blanc avec lequel il a fait la campagne de Turquie. Sa figure est souriante; il répond, en portant la main à sa toque, aux acclamations qui éclatent sur son passage. Il est suivi du grand-duc héritier, jeune prince âgé de quinze ans, des autres grands-ducs et des princes étrangers.

Derrière eux, marchent quatre par quatre les généraux aides de camp de l'empereur, reconnaissables à leur toque blanche; puis, dans un carrosse à glaces, donné par le roi Frédéric de Prusse à Élisabeth, l'impératrice et la grande-duchesse Xénie, sa fille. Cette voiture est traînée par huit chevaux blancs conduits en main. A chaque

portière un écuyer, à hauteur de
chaque roue un cosaque, derrière la
voiture six pages. Viennent ensuite
les grandes-duchesses dans des carrosses à six chevaux, suivies de la prin-
cesse Kotschoubey, grande maîtresse
de la Cour, des dames et des demoiselles d'honneur dans des voitures à
quatre chevaux. Les panneaux de plusieurs de ces carrosses furent peints,
dit-on, par Watteau, Fragonard et
Boucher. Un escadron de hussards
du tsar, rouges à pelisses blanches,
et un escadron de uhlans de la garde
ferment ce cortège dont il est difficile de décrire le luxe. Ces brillants
uniformes, ces superbes escadrons,
cette succession de carrosses, chargés de dorures, éblouissent bientôt

le regard qui finit par ne plus savoir où s'arrêter.

Cette première journée, qui ouvre la série des fêtes, s'est bien passée. L'empereur est au Kremlin.

Mercredi 23/11 mai.

Tout le jour nous avons porté des cartes, ce qui n'est pas une mince besogne, si l'on songe que leur nombre est d'au moins deux mille, et que les maisons ne portent pas ici de numéros. Il faut donc connaître non seulement les rues, mais aussi le nom du propriétaire de chaque maison. M. de Lagréné a mis à la disposition de

l'ambassadeur, M. Zagovallo et M. Her-
mitte, l'un Russe, l'autre Français, tous
deux employés au consulat, qui veulent
bien nous servir d'interprètes et de
guides. Nous passons et repassons devant le Kremlin, devant des églises. Je
suis très tenté de laisser là mes cartes
et de visiter tous ces monuments ;
mais nous sommes ici pour trois semaines ; un peu de patience et nous
verrons tout.

Pour terminer agréablement cette
ennuyeuse journée, je vais le soir au
jardin de l'Hermitage dont on nous a
parlé comme d'un lieu de délices.
C'est, en effet, un endroit charmant au
centre de Moscou, avec de grands
arbres, des allées sombres pour ceux
qui veulent s'y égarer, un restaurant,

une salle de théâtre et une autre scène, celle-ci en plein air, où le spectacle change sans cesse. Tantôt un orchestre y joue, tantôt des clowns y font leurs tours, tantôt des paysans russes, amenés d'un gouvernement éloigné, y chantent leurs chansons mélancoliques. Paris n'a rien qui vaille l'Hermitage. Que l'on se figure le concert Musart, un restaurant des Champs-Élysées, Mabille et le théâtre des Variétés réunis dans une même enceinte. Une allée circulaire autour d'une petite pelouse est le point le plus fréquenté. Tout à coup, j'y entends une voix éraillée parlant ce français si reconnaissable, propre au peuple de Paris. C'est une grosse fille bien vulgaire, une habituée de l'endroit. Par quelle série d'aventures a-t-elle été transportée à trois mille kilomètres du boulevard qui fut certainement son point de départ? Il en vient comme elle de tous les pays. Polonaises, Suédoises aux cheveux si blonds que, sous les reflets de la lumière électrique, ils paraissent presque blancs. De Russes peu, mais aussi que d'Allemandes! Ce n'est pas seulement vers le Far-West qu'elles émigrent, beaucoup d'entre elles préfèrent les grandes villes d'Europe où elles exercent une industrie moins pénible que le défrichement des forêts vierges d'Amérique. Plus ou moins bien vêtues, suivant leurs mérites, ces filles ne semblent cependant pas avoir dépassé un niveau assez médiocre. Le demi-monde n'existe pas en Russie. Seules quelques Françaises menant grand train font, à Saint-Pétersbourg, le bonheur des jeunes Russes, et quelquefois même d'un grand-duc, chose assez délicate du reste, qui conduit tantôt à la fortune, tantôt à la frontière.

Jeudi 24/12 mai.

Elle est bien avancée, notre tournée de cartes, et je peux dire ce soir que je connais la topographie de Moscou. Mais quel pavé ! Un pavé pointu sur lequel les roues rebondissent, et pourtant nos chevaux y marchent bon train. Pour les courses journalières, l'am-

5

bassadeur a dû louer deux voitures
attelées à la russe, avec des cochers
russes qui sont d'autant plus élégants
qu'ils sont plus gros. Pour arriver à
ce résultat, ils ont sous leur manteau
une série de ce que les femmes appel-
lent, je crois, des tournures, au point
que lorsqu'ils sont dépouillés de leur
houppelande, c'est à peine si on les
reconnaît. Comme la chaussée, les
trottoirs sont en pavés pointus. Une
petite bande de dalles est disposée
pour les piétons, mais si étroite qu'on
ne peut s'y croiser. Du reste, on
marche peu à Moscou, car les voitures
y sont pour rien. Elles n'ont pas de
tarif, de sorte que l'on doit marchander
avec les *izvoctchik* (cochers) qui, pour
trente-cinq kopecks, font une course

assez longue ; mais, depuis les fêtes, ils ont élevé leurs prix à un taux exorbitant. Il faut rendre cette justice aux soldats de police que lorsqu'ils voient un étranger aux prises avec un cocher, ils donnent immédiatement tort, sans même l'avoir entendu, à l'*izvoctchik* dont le premier soin, en les voyant, est de déguerpir. Ces voitures sont toutes découvertes et si basses que la poitrine du cocher est à hauteur de la croupe du cheval. A l'intérieur on n'est bien que seul. A deux, chacun déborde de son côté, ce qui rend licite, lorsque l'on est avec une femme, de la prendre par la taille, même en plein jour, pour l'empêcher de tomber.

Vendredi 25/13 mai.

A dix heures nous allons au Kremlin où nous devons être reçus par les grands-ducs. Nous le sommes d'abord par le grand-duc Alexis, frère de l'empereur, qui sert dans la marine. Cette première audience terminée, comme il nous reste une heure avant les suivantes, nous en profitons pour visiter la cathédrale de l'Assomption où doit avoir lieu le couronnement. Cette église est située dans le Kremlin même.

Le Kremlin est une vraie ville dans la ville de Moscou. Ancienne forteresse, plus long que large, il est entouré de murailles rouges à créneaux, flanquées de tours. Les deux côtés les plus longs bordent: l'un, la place Rouge, où se trouvent les statues des deux antiques libérateurs de Moscou, Minine et Pojarsky; l'autre, les quais. De la terrasse qui fait face à la rivière, le regard s'étend au loin, par-dessus la ville, sur la campagne et les collines entre lesquelles arrive la Moskowa. Le Kremlin comprend plusieurs palais, plusieurs églises, dont les coupoles reluisent au soleil, et la grande tour d'Ivan le Terrible plus élevée que toutes les autres. Je ne veux pas oublier la grosse cloche que Baedeker signale à l'attention du voyageur, ni le gros canon, quoique ce dernier ne le mérite guère; mais, à côté de lui, des canons de moindre taille rappellent à un Français de doulou-

reux souvenirs. L'église de l'Assomption — en russe Ouspensky Sobor —
est revêtue de cinq coupoles dorées.
La grande coupole est soutenue à
l'intérieur de l'église par quatre
colonnes également dorées et couvertes de peintures. Entre ces quatre
colonnes doivent se tenir, pendant le
couronnement, l'empereur et l'impératrice, tandis que le long du mur
sont disposés des gradins pour ceux
qui seront admis à assister à cette
solennité. Les murailles sont couvertes
de ces peintures russes où seules la
tête et les mains sont en couleur, et
où tout le reste est en métal. L'une
d'elles, portrait de Notre-Seigneur,
passe pour avoir été restaurée par
saint Luc; mais les traits en sont pres-

que invisibles. Elle est entourée de perles et de pierres précieuses.

Suivant l'usage russe, le pope qui officie est caché aux yeux des fidèles par une porte qui sépare l'iconostase du reste de l'église. Cette porte ne descend pas jusqu'à terre et laisse un vide d'environ vingt centimètres au travers duquel on voit les pieds de celui qui officie. On nous conduit à l'étage supérieur où sont renfermés les trésors de la cathédrale. Que de pierres, que de riches ornements! Nous remarquons surtout des bracelets que les prêtres portent pour dire la messe, et un vase donné au duc de Kiew vers le ixe siècle par le patriarche de Constantinople. Ce duc de Kiew, ayant voulu imposer à ses sujets une religion nouvelle, envoya plusieurs d'entre eux étudier en Europe les divers cultes. Au retour de ses émissaires, il choisit la religion grecque orthodoxe comme plus conforme à ses goûts, et voilà pourquoi les Russes la pratiquent aujourd'hui.

Cependant l'heure s'est écoulée et nous nous transportons d'abord chez les grands-ducs Serge et Paul, l'un blond, l'autre brun, l'un colonel, l'autre capitaine. Ces princes, les plus jeunes frères de l'empereur, vivent ensemble; ils ont une grande distinction et parlent le français d'une façon très correcte. Puis nous sommes reçus par le grand-duc Wladimir, désigné comme régent en cas de mort prématurée de l'empereur. C'est un prince d'aspect vraiment militaire. Mme la grande-duchesse Marie, sa femme, est réputée pour sa beauté. Elle représente ici, dit-on, l'influence allemande. Née en Mecklembourg, ne conserve-t-elle pas plutôt le souvenir de son ancienne patrie, de même qu'elle a tenu à conserver sa foi religieuse? Nous voyons ensuite le grand-duc Michel, frère préféré d'Alexandre II, qui jouit également de l'affection du nouvel empereur. Grand maître de l'artillerie, ce prince exprime sa satisfaction de voir trois uniformes d'artilleur dans la mission de France. Une extrême bienveillance semble être le fond de son caractère et de celui de sa femme, Mme la grande-duchesse Olga.

Par suite de ces audiences succes-
sives et de leur durée, lorsque nous
arrivons chez l'archiduc Charles-Louis
d'Autriche qui reçoit aujourd'hui tout
le corps diplomatique, le cercle est
déjà formé. Aussi devons-nous attendre
que toutes les ambassades ordinaires
et extraordinaires lui aient été pré-
sentées. Nous sommes alors introduits
dans un petit salon où nous serons
reçus pour notre compte. L'archiduc
Charles-Louis, frère de l'empereur
François-Joseph, est dans toute la force
de l'âge. Grand et droit sous sa tunique blanche, il tient derrière le dos
son chapeau dont les plumes vertes
retombent jusqu'à terre. Ce prince est
d'une suprême distinction. Mme l'archiduchesse Marie-Thérèse, fille du

roi dom Miguel, est presque aussi grande que son mari. Mince, dans sa robe noire garnie de dentelles, un peigne de diamants planté sur son front, dans des cheveux noirs noués au hasard et retombant sur ses épaules, elle est d'une rare beauté.

A l'un de nous, l'archiduc exprime son regret du départ du comte Duchâtel, et aussi son étonnement de n'avoir pas encore vu à Vienne un nouvel ambassadeur de France, alors que l'ambassadeur d'Autriche est déjà installé à Paris. « Il est vrai, ajoute-t-il en souriant, qu'on est toujours heureux d'aller à Paris. »

Le corps de ballet de Pétersbourg doit danser ce soir à l'Opéra. J'ai si souvent entendu parler des danseuses de Saint-Pétersbourg, si souvent même je les ai entendu déclarer supérieures à celles de Paris, que, malgré l'ennui d'assister à un ballet qui doit durer toute la soirée et résigné à voir tourner des jambes pendant trois heures, je vais à l'Opéra, en habit, selon notre coutume. Je m'aperçois bientôt, à mon grand étonnement, que je suis seul en ce costume. Les Russes mettent l'habit seulement dans le monde. Il existe aussi un habit noir à boutons d'or, décoré du nom pompeux de *vice-uniforme* réservé pour les visites officielles, et que l'on endosse même en ce cas dès le matin.

Le grand théâtre de Moscou est fort beau, mais l'éclairage est un peu faible, aujourd'hui du moins. Il paraît que c'est pour pouvoir mieux nous éblouir le jour du spectacle-gala. L'accès des fauteuils est facile, grâce au couloir qui les traverse dans toute leur longueur. Elles ne m'ont pourtant pas semblé longues, ces trois heures de ballet. Les premières danseuses ne sont pas, à mon avis, supérieures à celles de Paris; mais l'ensemble est meilleur, parce que les petits sujets sont tout entiers à leur rôle. Ici, au moins, les danseuses n'échangent pas de sourires avec les loges voisines; elles ne se retournent pas sur la scène pour faire des grimaces, plus ou moins gracieuses, à leurs amis cachés derrière les portants, et cela par la bonne raison qu'ils n'y sont point admis. Lorsque, dans un entr'acte, par une faveur toute spéciale, j'ai été introduit sur le théâtre, je me suis trouvé à peu près dans la situation de Robert le Diable allant cueillir son laurier. Je dois ajouter que l'éducation donnée aux danseuses leur garantit une situation personnelle supérieure à celle qu'elles ont à Paris. Ce n'est pas à dire pour cela que les mœurs de toutes soient absolument irréprochables, mais beau-coup d'entre elles sont mariées.

Samedi 26/14 mai.

La plupart des journalistes français présents à Moscou sont venus à l'ambassade; M. Waddington les réunit ce soir à dîner. Je n'ai à citer ni leurs noms ni celui de leur journal, mais je peux dire que, pendant toute la durée de leur séjour en Russie, à quelque nuance qu'ils appartiennent, tous ont dépouillé leurs opinions politiques pour ne se rappeler que d'une chose, c'est qu'ils étaient Français. L'un d'eux, ému d'avoir lu ce matin même, dans le journal qu'il représente, un article des plus violents contre l'ambassade, article dont il n'était pas l'auteur et qu'il désapprouvait, a trouvé un prétexte pour s'excuser. Il ne m'en voudra pas de citer ce fait, dans lequel nous avons tous vu une marque de bon goût.

Dimanche 27/15 mai.

La journée solennelle est enfin arrivée. Depuis deux jours, chaque matin,
des hérauts brillamment escortés ont
annoncé au peuple cette nouvelle,
suivant l'antique coutume. La procla-
mation impériale, dont des copies
furent jetées à la foule, était ainsi
conçue :

*Notre auguste, très haut et très puissant
seigneur l'Empereur Alexandre Alexan-
drovitch étant monté sur le trône de ses
ancêtres, celui de toutes les Russies, ainsi
que ceux du royaume de Pologne et du
grand-duché de Finlande qui en sont insé-
parables, a daigné ordonner que le couron-*

nement de Sa Majesté impériale et son sacre aient lieu le 15 mai, en faisant participer à cette sainte cérémonie l'impératrice Marie Féodorovna. Cet acte solennel est annoncé à tous les fidèles sujets, afin que, dans cette heureuse journée, ils élèvent leurs prières vers le Roi des Rois, pour qu'il répande, par sa toute-puissance, ses grâces et ses bénédictions, sur le règne de Sa Majesté et que pendant sa durée il y maintienne la paix et la tranquillité, à la gloire de son saint nom et pour la prospérité inaltérable de son empire.

Toutes les missions doivent se réunir chez le général de Schweinitz, ambassadeur d'Allemagne et doyen du corps diplomatique, pour se rendre ensemble au Kremlin. Je ne trouve pas dans le cortége le luxe d'équipages auquel je m'attendais. L'Autriche, l'Angleterre, l'Italie et l'ambassade ordinaire de France ont chacune une voiture de gala; mais, sans la moindre exagération, je peux dire que l'ambassade extraordinaire de France, avec ses trois voitures, deux carrosses à housse et un dorsay, faisait la meilleure figure.

Il est neuf heures lorsque nous arrivons au Kremlin. Les ambassadeurs et les premiers secrétaires de chaque mission se dirigent vers la cathédrale de l'Assomption, tandis que les autres prennent place dans les tribunes préparées hors de l'église. Seuls, les deux ambassadeurs de Turquie n'y pénètrent pas, leur religion le leur interdit. Une petite loge dans notre tribune leur est réservée. Devant nous, le grand Palais dont l'escalier extérieur est recouvert d'un tapis rouge qui se prolonge sur tout le parcours que doit suivre l'empereur. Sur chaque marche se font face deux chevaliers gardes, le sabre nu. Ils ont remplacé la cuirasse qu'ils portent à cheval, par un pourpoint de drap écarlate. Au pied de l'escalier, le dais, qui doit être porté par trente-deux aides de camp de l'empereur. A droite, la cathédrale de l'Assomption. Sous les tribunes, dans un enclos, le peuple qui, serré et pressé, attend avec impatience. De temps en temps quelques cris. C'est une femme étouffée que l'on emporte à grand'peine.

Quelques gouttes de pluie qui tombent par intervalles viennent calmer cette agitation. Une immense clameur s'élève bientôt, l'hymne russe retentit. L'empereur et l'impératrice suivis de la famille impériale, des princes étrangers, hôtes de l'empereur, et des demoiselles d'honneur vêtues de blanc avec le *kakochnich* rouge, ancienne coiffure nationale, descendent du palais et se dirigent, sous le dais, vers la cathédrale à la porte de laquelle ils sont reçus par le métropolitain. Au moment où l'empereur posera la couronne sur sa tête, un coup de canon, répété dans toutes les villes de l'empire, annoncera l'événement à la Russie.

Je ne parlerai pas de la cérémonie

religieuse à laquelle je n'ai pas as-
sisté, et qui a duré trois heures ; mais
je peux dire que l'émotion de l'assistance fut grande lorsque l'empereur,
profondément ému lui-même, enle-
vant de sa tête la couronne impériale,
en toucha celle de l'impératrice.
Quelle sombre pensée a dû traverser
son esprit lorsque le grand-duc Wladimir, régent désigné, vint lui jurer
fidélité, et lorsque ses jeunes frères,
fléchissant tour à tour le genou devant l'impératrice, lui baisaient la
main tandis qu'elle posait ses lèvres
sur leur front ! Le canon retentit de
nouveau. La cérémonie religieuse est
terminée. Le cortège impérial sort
alors de l'église aux acclamations de la
foule. Quel merveilleux spectacle que

celui auquel nous assistons! L'empereur sous son dais, vêtu d'un manteau jaune doublé d'hermine, s'avance majestueusement. Sa couronne, toute de diamants, brille au soleil, tandis que, derrière lui, marche l'impératrice avec une couronne plus petite. Le cortège fait le tour de l'enceinte, s'arrêtant devant les principales églises où l'empereur entre pour y baiser les reliques, puis gravit lentement le grand escalier.

Après un repas qui nous est servi dans une des salles du palais, nous allons assister à celui de l'empereur qui doit avoir lieu dans la salle dite Granovitaïa Palata, où nous nous trouvons en plein moyen âge. Les quatre voûtes qui la composent sont supportées au centre par une énorme colonne à plusieurs faces. Autour de cette colonne sont rangées, sur des tables, d'anciennes et magnifiques pièces d'orfèvrerie. Les murs sont couverts de peintures malheureusement restaurées. Tout autour de la salle, des banquettes. Au fond, à droite, sous un dais, deux fauteuils et une table pour l'empereur et l'impératrice. A gauche, des tables devant lesquelles sont rangés les dignitaires de l'empire, attendant l'arrivée du souverain, tandis qu'à droite, devant la table du tsar, se tient debout le corps diplomatique. Tout à coup chacun s'impose réciproquement silence. L'empereur et l'impératrice arrivent et prennent place sous le dais. Les

dignitaires s'assoient à leurs tables;
seuls nous restons debout. Quand
l'empereur demandera à boire, ce sera
le signal, nous devrons nous retirer.
D'abord arrive une magnifique sou-
pière en or massif. Elle est précédée
de l'archigrand maître des cérémonies, comte Pahlen, et escortée de
six chevaliers-gardes, le sabre nu.
Chaque plat fera ainsi son entrée;
mais le tsar a levé sa coupe, il faut
partir.

Le soir le Kremlin illuminé présente un aspect féerique. Ses longues
murailles dessinées par des feux de
toutes couleurs, ses coupoles et la
haute tour d'Ivan Veliki, traçant leur
profil au milieu de la nuit, composent un spectacle saisissant. Malgré

la pluie qui est bientôt venue en diminuer l'éclat, une foule compacte débouche de tous côtés sur la place Rouge et les quais que domine le Kremlin ; aussi les soldats de police se voient-ils forcés de tendre, par intervalles, de grosses cordes en travers des rues, pour arrêter le flot toujours croissant des curieux.

Lundi 28/16 mai.

A une heure, dit le programme, l'empereur recevra les félicitations du corps diplomatique. Toutes les missions sont rangées par ordre d'ancienneté. Quel mélange de couleurs

dans ces costumes de tous les pays!
uniformes diplomatiques et militaires
varient suivant les puissances. Dragons et lanciers autrichiens en veste
bleue, carabiniers saxons bleu clair,
Prussiens serrés dans leur tunique
dont le col est prodigieusement haut,
Serbes aux couleurs voyantes, Anglais
bien pris dans leurs uniformes rouges
et tant d'autres. Je ne veux pas oublier
le riche costume hongrois du comte
Apponyi, dont chaque bouton représente une tête de singe qui tient un
diamant dans ses dents. Seule la mission américaine est en habit noir, à
l'exception, toutefois, des marins qui
en font partie. La salle, plus longue
que large, est très élevée; au fond et
sous un dais, le trône de l'empereur

et celui de l'impératrice. Deux rangées de colonnes forment le milieu. A gauche, entre les colonnes et les fenêtres qui dominent la Moskowa, des tables sont couvertes des présents que l'empereur a reçus. Nous nous rangeons à gauche dans la ligne des colonnes, tandis qu'à droite, en face de nous, se tiennent quelques dames faisant partie des missions. Elles sont peu nombreuses, la plupart d'entre elles ayant rebroussé chemin sur le faux avis qui leur a été donné que l'impératrice ne les recevrait pas aujourd'hui. Bientôt l'empereur entre et vient se placer au pied du trône devant lequel chaque mission se présente tour à tour, précédée de son chef, puis se retire à reculons après avoir salué trois fois. L'impératrice, dont la longue traîne est portée par quatre pages en culotte de peau et tunique verte, s'avance ensuite pour adresser quelques mots aux dames. Après quoi, nous quittons tous la salle, toujours à reculons, en nous efforçant de marcher le moins possible sur les pieds de ceux qui sont derrière nous.

Ce soir, bal au Kremlin dans la salle de la Granovitaïa Palata, réservée au corps diplomatique, et dans la salle de Saint-Stanislas, où se tiennent les Russes. Le spectacle est vraiment splendide. La nuit est d'une sérénité parfaite. Des profondes embrasures de l'antique salle on voit les coupoles du Kremlin reluire sous les illuminations.

A dix heures, l'empereur et l'impératrice arrivent précédés de l'archigrand maître des cérémonies, suivis de
la famille impériale et des princes
étrangers, la reine de Wurtemberg, la
reine de Grèce, le duc et la duchesse
d'Édimbourg, sœur de l'empereur, le
duc de Montpensier venu pour représenter le roi d'Espagne, l'archiduc
Charles-Louis et l'archiduchesse Marie-
Thérèse, le prince Oscar de Suède et
le prince Valdemar de Danemark,
frère de l'impératrice, le prince de
Bulgarie et le prince Nikita de Monte-
negro, très remarqué dans son costume national.

Pendant les deux heures que dure
le bal, il n'est dansé que des polonaises, ce qui consiste uniquement à

tenir sa danseuse par la main, que l'on élève à hauteur de l'épaule et à marcher ainsi, lentement, deux par deux et en file. Les princes et les chefs de mission seuls y prennent part. L'empereur danse successivement avec les princesses et les femmes d'ambassadeurs; l'impératrice avec les princes et les ambassadeurs; après quoi, l'empereur et l'impératrice se retirent, et chacun rentre chez soi.

Mardi 29/17 mai.

Aujourd'hui de hauts dignitaires russes ont dîné à l'ambassade. Le dîner était précédé, suivant l'usage du pays, d'un léger repas servi dans un petit salon. Les Russes ont coutume, avant de se mettre à table, de manger debout, soit du caviar, soit du hareng fumé ou du saumon, et de boire un verre de liqueur; cette collation s'appelle *Zakouska*.

Dans la soirée nous nous retrouvons au bal du prince Dolgoroukow, gouverneur de Moscou. Cette réunion est très brillante, mais les appartements ne peuvent contenir tous les invités. Impossible d'avancer; impossible aussi de reculer; un flot toujours croissant vous enserre. Lorsqu'un prince entre, par suite de l'effort que l'on fait pour lui créer un passage, on est véritablement enlevé. J'entends derrière moi une voix suppliante répétant par moment : « Par...don ; veuillez laisser passer Son Altesse », et j'aperçois le frère du shah de Perse faisant de vains efforts pour sortir de cette fournaise. Ce prince est tout petit, si petit qu'il disparaît dans cette multitude ; son bonnet d'astrakan atteint à peine la hauteur de nos épaules. L'empereur et l'impératrice arrivent enfin. Alexandre III et les grands-ducs portent la tunique rouge par laquelle les gardes à cheval et les chevaliers-gardes remplacent dans le monde la tunique blanche. La famille impériale, après avoir ouvert le bal, ne tarde pas à se retirer, et cela non sans peine. Beaucoup la suivent et bientôt il ne reste plus que danseurs et danseuses. La plupart d'entre elles sont d'une effrayante pâleur. Elles sortent à peine de leur long hiver, pendant lequel elles ont vécu enfermées dans des appartements dont les fenêtres mastiquées ne laissaient pas pénétrer l'air extérieur. Elles ne respiraient que pendant quelques instants en traîneau, et encore si bien enveloppées qu'elles ne profitaient guère de cette promenade. Aussi, les fêtes terminées, partiront-elles les unes pour leurs terres, les autres pour les villes d'eau d'Allemagne.

Mercredi 30/18 mai.

Ce soir, à l'Opéra, spectacle-gala. Lorsque nous débouchons sur la grande place du théâtre couverte de curieux, une immense clameur s'élève, suivie de trois salves de hourras qui se répètent tout le long de notre passage. Ce n'est pas nous que l'on acclame, car nous sommes invisibles, mais bien nos voitures; il est certain qu'elles ont bon air. Leroy conduit la première. Impassible dans sa livrée bleu et argent, ses doigts sortent à peine des flots de dentelles qui bordent ses manches. A distances bien maintenues ces trois voitures s'avancent majestueusement au trot, mais si lentement qu'un homme les suivrait à pied. L'officier de police lui-même est saisi d'admiration au point de nous diriger vers l'entrée réservée aux princes, mais nous nous

apercevons de sa méprise, et nous ga-
gnons les loges qui nous sont destinées.

Les loges du premier étage, que l'on
appelle *Bel Étage*, sont réservées au
corps diplomatique. Au milieu faisant
face à la scène, est la loge de l'empereur. Le second étage est destiné aux
charges de la cour, tandis que les
fauteuils d'orchestre sont occupés par
des généraux. La plupart d'entre eux
ont la poitrine couverte de croix. Ce
résultat n'est pas aussi difficile à ob-
tenir qu'on pourrait le supposer, car
j'ai remarqué que souvent ici, on porte
simultanément les divers insignes
du même ordre dont on a successivement obtenu les grades. Le spectacle
de cette salle, splendidement éclairée,
est saisissant.

L'empereur paraît au bord de sa loge. Toute la salle est debout, la toile se lève, l'orchestre et les chœurs font entendre l'hymne national, tandis que les hourras éclatent de toutes parts. Alexandre III, en uniforme rouge de chevalier-garde, prend place entre l'impératrice et M^mo la grande-duchesse Marie, tandis que la famille impériale et les princes étrangers se groupent autour d'eux. Les spectateurs peuvent s'asseoir et le spectacle commence.

Nous entendons d'abord le premier, puis le cinquième acte de l'opéra *la Vie pour le tsar.* Des Polonais sont à la recherche du tsar qu'ils espèrent pouvoir saisir; un paysan russe leur propose de les conduire et les égare dans une forêt où il est tué, mais le tsar sera sauvé. Voilà, paraît-il, le sujet de cet opéra. La musique est belle, la mise en scène remarquable, mais c'est assez mal chanté. Le cinquième acte se termine par l'entrée triomphale de Michel Romanoff à Moscou. On est sur la place Rouge et l'on aperçoit au fond l'église de Vasili Blagenoï. Puis vient un ballet, le *Jour et la Nuit,* bien exécuté, suivi d'une autre danse où figurent tous les peuples et peuplades qui composent aujourd'hui l'empire, et qui finissent par former une ronde autour de la Grande Russie, tenant un laurier de paix, tandis que le Kremlin étincelant brille sur la toile de fond.

L'empereur se lève, salue et se retire. Alors les acclamations éclatent.

L'empereur reparaît souriant, tandis
que l'hymne russe retentit.

Jeudi 31/19 mai.

Bal donné par la noblesse dans la
salle des États de la noblesse du
gouvernement de Moscou. Ici, tous
les invités peuvent circuler facilement. Un quadrille d'honneur ouvre
le bal, puis l'impératrice continue à
danser jusqu'au moment de son départ. Nous rencontrons là plusieurs
journalistes, riant volontiers de se
trouver seuls en habit noir au milieu
de tant d'uniformes.

Vendredi 1er juin/20 mai.

Nous passons une partie de la journée à parcourir les boutiques et à y faire des emplettes : au dépôt de laques, où l'on trouve de très jolies boîtes ; chez les orfèvres pour voir quelques pièces d'argenterie de Toula, et ces vierges russes émaillées, d'un travail si fin ; chez les marchands de fourrures qui sont ici on ne peut mieux prédarées et aussi très chères, et enfin au Schoukina-Dvor, grand marché couvert situé près de la place Rouge. On y vend de tout, du drap, des étoffes, des bijoux, des ornements d'église, et jusqu'à du poisson dont l'odeur fétide se répand aux alentours.

On trouve quelquefois des choses anciennes dans ces boutiques où, bien
que l'on vende l'argenterie au poids,
on est souvent trompé. Croix byzan-
tines, vieilles chaînes, timbales, sa-
lières en forme de canapé, tout est
cher parce que l'usage est de tout
marchander. Derrière son échoppe
le marchand écrit sur une feuille
de papier ce qu'il veut, se servant
presque toujours pour compter d'un
petit tableau à claires-voies traversé
par de gros fils de fer, sur lesquels glissent des boules de bois de
différentes couleurs, semblables à
celles que l'on emploie dans les salles
d'asile. Nous écrivons à notre tour ce
que nous offrons. Mais alors arrive
un individu qui, l'air souriant, con-

seille au vendeur de diminuer son prix et nous indique du bout de sa canne un autre objet qu'il nous engage à acheter. Nous suivons son conseil et lorsque nous avons payé, le marchand glisse quelques petites pièces à cet intermédiaire qui, le plus souvent, est un juif. On y vend aussi de singulières malles dont les serrures sont à musique, et des images saintes à bas prix, qui représentent pour la plupart des Vierges russes dont la tête et les mains sont grossièrement peintes sur bois, tandis que l'auréole et le reste du corps sont de zinc peint en jaune métallique. Toutes les maisons russes sont pourvues d'une image semblable, et je me suis laissé dire qu'à Moscou, même dans ces établissements qu'en Chine on nomme bateaux de fleurs, il s'en trouve une pareille dans chaque chambre.

Samedi 2 juin/21 mai.

Quatre cent cinquante mille rations ont été préparées pour la fête populaire, sur le vaste terrain qui s'étend devant le palais Petrowski. Chaque ration se compose d'un gobelet en terre rempli de bière, d'un pâté et d'un sac de bonbons. On évalue à six cent mille le chiffre de ceux qui ont aujourd'hui pénétré dans l'enceinte, Aussi beaucoup d'entre eux s'en sont-ils retournés les mains vides. Quand, à midi, nous nous dirigeons vers ce lieu de réjouissances, la route est couverte de monde. Ceux qui reviennent portent avec précaution leur gobelet; quelques-uns le vendront, mais ils sont rares. Les Russes conservent précieusement ce souvenir qui leur vient de l'empereur.

Nous prenons place dans la tribune que doit occuper la famille impériale, et où toutes les missions sont invitées. Nous voyons pour la première fois le nonce du pape, M⁸ʳ Vannutelli, arrivé seulement après le couronnement afin de ne pas être à Moscou le jour de la cérémonie religieuse.

Les tribunes sont séparées de la foule par un espace vide d'environ deux cents mètres. Tout ce que nous pouvons embrasser de nos regards est couvert de moujiks ; les uns arrêtés devant la tribune impériale, curieux de contempler l'empereur ; les autres dispersés, soit dans le cirque, soit autour des mâts de cocagne et du ballon qui ne partira pas, car il laisse voir à son flanc une plaie béante, soit enfin devant l'un des cinq théâtres dressés dans la plaine. Nous distinguons facilement que dans l'un de ces derniers, on joue une pièce représentant un épisode de la guerre du Caucase ; dans un autre, on danse un ballet. Tout à coup l'hymne national retentit, couvert bientôt par les acclamations de la foule, et sur les théâtres on cesse de jouer. C'est l'empereur. Le calme est long à se rétablir. Alors défile

devant nous une assez maigre caval-
cade où l'on remarque la boule du
monde déchirée par la charrue du
laboureur, et l'hydre de l'anarchie
conduite en laisse. Au bout d'une
heure le tsar, sans s'être mêlé, comme
c'est l'usage, à la foule, et cela au
grand désappointement de celle-ci,
retourne au palais Pétrowski où sont
déjà réunis pour un banquet les
maires de l'empire. C'est là que celui
de Moscou, M. Tchitchérine, a pro-
noncé ce discours dont il a tant été
parlé, et dans lequel il a simplement
dit que l'empereur avait pu se rendre
compte du respect dont était entourée
son auguste personne, ainsi que des
sentiments de son peuple à son égard,
et que, par suite, il pouvait sans crainte

entrer dans la voie des réformes. La reproduction de ce discours a été interdite aux journaux.

Dimanche 3 juin/22 mai.

Mgr Vannutelli a célébré aujourd'hui la messe dans l'église française. Aussi le personnel des deux ambassades de France s'y trouve-t-il à peu près au complet. Le duc de Montpensier et son neveu, le prince Ferdinand de Saxe-Cobourg, lieutenant dans un régiment autrichien de hussards, assistent à cet office, après lequel le nonce transmet à l'assistance la bénédiction pontificale. L'église française est d'une grande simplicité. Elle est vaste et cependant contient difficilement la foule qui s'y presse. La colonie française de Moscou est animée des sentiments religieux les plus vifs et elle a, de plus, emprunté aux Russes leurs marques extérieures de dévotion. Pour que les catholiques puissent avoir les mêmes jours de fêtes que les grecs orthodoxes, le clergé a adopté le calendrier russe; ainsi la fête de la Pentecôte, célébrée depuis trois semaines en France, ne le sera ici que dans quinze jours.

Nous avons été invités à assister à une fantasia que les cosaques du convoi de l'empereur donnent, en présence du grand-duc Nicolas, sur le terrain de manœuvres où a eu lieu hier la fête populaire. Le grand-duc, second frère d'Alexandre II, commandait en chef l'armée russe pendant la campagne de Turquie. Ces cosaques, qui vont manœuvrer devant nous, sont Russes d'origine ; il y a plus d'un siècle, leurs pères se sont établis au Caucase, où les Russes les ont trouvés lorsqu'ils en ont fait la conquête. Contrairement à ceux du Don, les cosaques du convoi de l'empereur ne sont pas armés de la lance. Ils ne portent que le sabre et un fusil, recouvert d'une gaine en peau de chèvre. Leur uniforme se compose du bonnet d'astrakan haut et pointu, d'un long cafetan, rouge en grande tenue, bleu bordé de jaune en petite tenue. Sur chaque côté de la poitrine est fixé un rang de cartouches dans un étui de métal. Ils ont à la main un fouet à manche court avec lequel ils excitent leur cheval, car ils ne portent pas d'éperons. Tous les cosaques sont exempts d'impôts, mais ils sont soumis au service militaire pendant leur vie et fournissent chaque année un certain nombre d'hommes qui, habillés et montés à leurs frais, forment deux cents régiments de cavalerie.

Un par un, ces cosaques traversent au galop la piste dans sa longueur, pour se reformer à l'autre extrémité. Les uns sont debout sur leur selle, d'autres pendus au flanc de leur cheval. Quelques-uns tirent en arrière des coups de feu qui, paraît-il, porteraient juste si leurs fusils étaient

chargés à balle ; d'autres transportent
en travers, sur le pommeau de leur
selle, une femme capturée ; deux
autres enfin galopent côte à côte,
emmenant un camarade blessé dont
la tête repose sur un des chevaux, et
les pieds sur l'autre. Ils renouvellent
plusieurs fois ces exercices qu'ils
accompagnent de leurs cris aigus
et modulés. Puis l'escadron se sépare
en deux parties. La moitié se trans-
porte à l'extrémité du terrain où les
chevaux se couchent, la plupart sans
que leur cavalier mette pied à terre.
Les cosaques sont cachés derrière
leur cheval et font semblant d'être
morts. L'autre moitié arrive alors au
galop, mais elle est reçue à coups de
fusil et fait volte-face, tandis que les

premiers déjà en selle les poursuivent, tirant et hurlant.

Cette intéressante fantasia se termine par un défilé devant le grand-duc. Six hommes en tête de l'escadron chantent un chœur et tiennent ainsi lieu de trompettes, tandis que l'un d'eux marque la mesure avec le manche de son fouet. Les cosaques vont se ranger à quelques pas de nous et le colonel qui les commande veut bien faire sortir du rang cinq d'entre eux, pour que nous puissions examiner de plus près leurs montures et le harnachement.

Les chevaux sont de petite taille. Ils ont l'encolure droite et grêle, la tête un peu lourde, leurs membres sont secs et énergiques. Le cavalier les mène par un simple bridon. La selle sur laquelle le cosaque est assis, les genoux très hauts et le corps en avant, se compose de deux coussins carrés en cuir; les étriers sont ronds et vides au centre, de manière à recevoir un petit gobelet de métal. Deux sangles en cuir tiennent la selle; l'une passe au milieu du ventre, l'autre, placée comme la nôtre, est reliée à l'étrivière par une lanière. Ce système ingénieux empêche la selle de tourner, parce que si l'on pèse sur un étrier, la selle est en même temps maintenue de l'autre côté par la sangle.

Avant de quitter le terrain, le colonel félicite ses hommes sur la manière dont ils ont manœuvré, et tous répondent ensemble, suivant l'usage russe : « Nous sommes heureux d'avoir fait notre devoir. » Le colonel leur annonce alors qu'une ration d'eau-de-vie leur sera distribuée pendant dix jours ; les hommes jettent leur bonnet en l'air et répondent par trois salves de hourras.

Lundi 4 juin/23 mai.

Aujourd'hui a été célébré le deux centième anniversaire de la création des régiments Préobrajenski et Semenovski[1]. — Ces deux corps

1. De la Transfiguration et de Simon.

sont les premiers régiments réguliers
organisés en Russie ; Pierre le Grand
les forma avec ses compagnons d'en-
fance. La date de leur création, en
1683, ne correspond pas exactement
à ce jour ; mais on a tenu à rattacher
à la solennité du couronnement la
fête de ces deux régiments qui la cé-
lèbrent chaque année à une époque
différente. Une messe a été dite dans
l'église du village de Préobrajenski, près
de Moscou, et l'empereur a distribué à
ces deux corps de nouveaux drapeaux.
Une cérémonie touchante a suivi. Un
vieillard, ancien soldat de 1812, qui
prit part comme officier à la révolte
d'un régiment, sous l'empereur Nicolas, avait été envoyé en Sibérie. Au
sacre d'Alexandre II, il fut gracié et

rétabli dans son grade. Aujourd'hui ses croix lui ont été rendues.

A midi, ces deux régiments au complet et des hommes appartenant aux différents régiments de la garde, ainsi que des délégations de plusieurs autres corps, sont réunis dans un banquet au parc Sokolniki, situé hors de la ville. Au centre des tables qui y aboutissent comme autant de rayons, est un kiosque séparé d'elles par une allée circulaire. Ce kiosque, où est la loge impériale et dont un orchestre occupe le milieu, est destiné à recevoir les invités pour lesquels des buffets y sont préparés. Quand nous arrivons à Sokolniki, les hommes sont debout, chacun devant son couvert qui se compose d'une assiette et d'une chope en porcelaine sur lesquelles est peint un saint George, d'une écuelle et d'une cuiller en bois, que les soldats emporteront en souvenir de cette journée. Entre les tables circulent les officiers. Devant l'entrée principale du kiosque, Préobrajenski au collet rouge, à côté de lui, Semenovski au collet bleu ; près d'eux, sur une estrade, les musiques de plusieurs corps, réunies en une seule, sont destinées à égayer le repas. Ces hommes attendront ainsi pendant deux heures sans manifester la moindre impatience, donnant un remarquable exemple de discipline et de respect.

Une vague inquiétude régnait déjà quand l'empereur est arrivé. Le sou-

verain ayant visité un établissement
de charité y avait accepté le déjeuner
préparé pour lui. De là son retard.
Aussi est-il accueilli à Sokolniki par
les marques du plus chaleureux enthousiasme. Dès que la famille impériale a pris place dans sa loge, l'empereur, paraissant au haut de l'escalier qui fait face aux soldats de
Préobrajenski, soulève un gobelet d'or
émaillé qu'il porte à ses lèvres en
buvant à leur santé. Des cris éclatent
de toutes parts et le banquet peut com-
mencer. Soupe, viandes et pommes
de terre remplissant de vastes chau-
dières, sont alors apportées des cui-
sines champêtres cachées sous les
arbres. Tout cela doit être du goût
des soldats, si j'en juge par l'amon-

cellement de mets divers mêlés sur chaque assiette, où ils ne peuvent trouver place, tandis que les chopes s'emplissent tour à tour de bière, de kvas, d'hydromel et d'eau-de-vie. Avant de partir, l'empereur et l'impératrice, dont la robe de soie blanche porte le collet rouge brodé en or des officiers de Préobrajenski, passent successivement devant chaque table. La figure d'Alexandre III exprime la satisfaction qu'il éprouve de se trouver au milieu de ces régiments qu'il a commandés, pour la plupart, pendant la campagne de Turquie. Bientôt il ne reste plus à Sokolniki que les soldats disposés à terminer gaiement cette journée, qu'un bal au Kremlin achève pour nous.

La salle du trône et les deux salles voisines sont merveilleusement éclairées. Les couleurs variées des uniformes, les riches parures des femmes, tout donne à cette soirée un aspect vraiment féerique, et l'on oublie un peu, en contemplant ce spectacle, l'étouffante chaleur qui y règne. Le grand balcon qui longe la salle du trône est bientôt envahi, même par des dames, qui abandonnent le bal pour respirer quelques instants l'air pur de la nuit. L'atmosphère est tiède et humide, autour de nous les coupoles du Kremlin percent dans la nuit demi-obscure, tandis que la Moskowa roule ses eaux étoilées, çà et là, de plaques d'argent. Silencieux et assis sur la rampe, deux Asiatiques accentuent le cachet de cette nuit d'Orient. Autour de nous quelques officiers se hasardent à fumer une cigarette, au grand scandale d'un vieux général qui, par respect pour le lieu, se refuse à les imiter. A l'intérieur on danse avec entrain; c'est en effet le dernier bal à la cour, et chacun veut en profiter. L'impératrice elle-même danse jusqu'à la fin, au milieu de dames qui forment autour d'elle un cercle si étroit que le grand-duc Wladimir est obligé de les faire reculer, d'un geste qui m'a semblé bien énergique.

Après le bal un souper est servi dans la salle Saint-George. Sur les murs sont gravés les noms des chevaliers de Saint-George morts sur les champs de bataille. Une grande table transversale est destinée à la famille impériale, tandis que quatre longues tables parallèles suffisent à peine aux invités.

Mardi 5 juin/24 mai.

Nous sommes allés voir aujourd'hui la galerie des armures au Kremlin. Le rez-de-chaussée est occupé par de vieilles armes et des carrosses du siècle dernier, voitures lourdes et massives couvertes de dorures; l'une d'elles est un traîneau construit pour l'impératrice Élisabeth; il ressemble à un wagon-salon avec une table au milieu. On y voit aussi, empaillé, le

10

cheval de la grande Catherine, mais en si mauvais état, que d'ici peu d'années il n'aura plus un seul poil. Dans un coin, les deux lits de camp de Napoléon, pris en 1812. A l'étage supérieur, les couronnes des différents tsars, variant suivant les époques, la plupart richement ornées, et, à côté, sur une table, sont placés les insignes impériaux. Le sceptre est surmonté du fameux diamant Orlow, qui fut pris, nous dit-on, par un marchand russe sur une idole de l'Inde, dont il était l'un des yeux. Ce marchand se fit ouvrir la cuisse et coudre dedans le diamant pour le rapporter en Russie; d'autres disent qu'il se contenta de l'avaler. Il l'offrit ensuite pour un million de roubles à l'impératrice Catherine II qui le trouva trop cher et le reçut quelques années plus tard du prince Orlow, à qui il avait été vendu. La couronne de l'empereur et celle de l'impératrice, toutes deux en diamants, sont d'une grande richesse. Dans la salle voisine, le brancard sur lequel fut porté Charles XII à la bataille de Pultawa, puis une collection de monnaies contenant les pièces frappées à l'occasion du couronnement de chaque empereur. Sur celles qui ont été faites il y a quelques jours, sont les deux figures de l'empereur et de l'impératrice. Alexandre III est le premier qui ait fait frapper le portrait de sa femme à côté du sien. Chacun de nous recevra, en souvenir, une médaille semblable. On nous montre aussi les différentes monnaies russes. Je regarde avec curiosité un rouble actuel en argent, le seul qu'il m'ait été donné de voir pendant mon séjour en Russie.

Sous un tableau représentant Alexandre Ier, et, entre deux trophées de drapeaux polonais, est une petite boîte noire qui renferme la constitution donnée autrefois à la Pologne. On raconte que le conservateur de ce musée demandant à l'empereur Nicolas ce qu'il fallait faire de cette boîte, Nicolas la saisit et la jeta sous le portrait d'Alexandre en disant : « Qu'elle reste à jamais sous les pieds du grand empereur. »

Ne pouvant, faute de temps, consacrer qu'une soirée au corps diplomatique, l'empereur a décidé d'aller seulement chez le doyen, qui se trouve être le général de Schweinitz, ambassadeur d'Allemagne. Il y a donc bal ce soir à cette ambassade. Des wagons remplis d'argenterie sont arrivés de Berlin pour cette fête qui doit être très belle, mais comme l'hôtel de l'ambassadeur ne peut contenir qu'un nombre restreint d'invités, les chefs de mission et les premiers secrétaires seuls s'y rendront.

Maître de ma soirée, je vais à l'Hermitage où je rencontre quelques Russes qui me conseillent d'aller avec eux au parc Petrowski où des Tsiganes chantent dans un restaurant. Ayant beaucoup entendu parler de cette troupe que je n'ai pu voir jusqu'ici, j'accepte avec empressement cette proposition.

On nous installe dans une grande pièce tandis que l'un de nous, habitué de l'endroit, entre en pourparlers avec le chef de la troupe, et discute le prix et le nombre des morceaux qui seront chantés. La troupe se compose d'une vingtaine de femmes et de cinq ou six hommes. Tous sont vêtus non pas de leur costume national, mais comme des Russes aisés. Ils vivent ensemble à l'état de tribu, commandés et dirigés par un chef avec lequel il faut faire marché toutes les fois que l'on veut enlever une de ces femmes à la troupe. Ces bohémiennes sont si goûtées des Russes que plusieurs de leurs semblables ont su se faire épouser. Je les trouve, quant à moi, fort laides. Leur peau jaune, leurs cheveux crépus, leurs lèvres presque bleues, leur donnent, outre un aspect sauvage, un air assez malpropre. Les hommes, au contraire, avec leur teint bronzé et leur physionomie énergique, me semblent beaucoup mieux. Leurs chants sont, comme leur physionomie, bizarres et sauvages ; mais les bohémiennes ont malheureusement pris l'habitude de remplacer par des morceaux russes leurs airs nationaux. Pendant les deux heures que nous passons à les entendre, le champagne, dans lequel nagent des morceaux d'oranges, ne cesse de couler. Trinquer, vider une coupe et **la** remplir de nouveau, semble à mes compagnons la chose la plus aisée et la plus naturelle du monde. Très inquiet, pour mon propre compte, sur l'issue de cette soirée, je trempe à peine mes lèvres dans mon verre. Pour nous exciter à boire, on apporte des petits carrés de pain noir cuits au four avec du sel, ce qui procure une soif factice, et, pour seconder l'effet du pain, on nous sert peu après des amandes cuites de la même façon. Le résultat est, dit-on, infaillible, et pour ma part je me borne à y goûter, préférant observer sur d'autres l'effet de ce plat étrange. Je n'ai pas longtemps à attendre, car, au bout de quelques instants, je remarque que les yeux de l'un de nous deviennent prodigieusement fixes ; sa voix est

rauque et embarrassée, sa main serre
fiévreusement la poignée de son sabre,
ses jambes fléchissent et il se laisse
alors tomber sur un fauteuil, où il ne
tarde pas à s'endormir. Il n'y a du
reste pas à s'inquiéter de lui, me dit-
on ; du jus de citron pressé dans un
verre d'eau de seltz le remettra si
bien sur pied, que demain il n'y pa-
raîtra plus.

Mercredi 6 juin/25 mai.

Nous avons visité l'église de Vassili-
Blagennoi [1], sur la place Rouge, près

1. Basile le bienheureux.

de la porte sainte du Kremlin. Cette cathédrale, curieuse seulement à l'extérieur, fut édifiée sous Ivan le Terrible en souvenir de la prise de Kazan et fut bâtie par un architecte italien, qui, son œuvre terminée, eut, dit-on, les yeux crevés, pour qu'il lui fût impossible d'en construire une semblable. Ses tours, ses coupoles, en forme de citrouille, de melon ou d'ananas, ses murs, sur lesquels le rouge et le vert dominent, donnent à ce monument, dont les formes sont gracieuses, un aspect d'une grande originalité.

Non loin de là est la maison des boyards Romanoff, ancêtres de l'empereur. Elle vient d'être restaurée dans le style du temps. Peu intéressante en elle-même, elle donne cependant l'idée de ce que pouvait être, il y a quelques siècles, une habitation russe. Les pièces, étroites et peu éle-vées, communiquent entre elles par des portes si basses qu'il faut se courber en y passant. On y voit un gigantesque poêle en faïence, chauffant plusieurs chambres à la fois, une ancienne pendule et d'autres objets qui passent tous pour avoir appartenu à l'archimandrite Philarète Romanoff.

Au bord de la Moskowa, sur un petit tertre, est le temple du Sauveur, commencé en 1812, en souvenir de la retraite de la grande armée, et terminé seulement depuis deux ans. Trop large à la base, cette église toute blanche, surmontée de cinq coupoles dorées, ne paraît pas avoir la hauteur qu'elle atteint en réalité. L'intérieur, entièrement en marbre, extrait presque tout du sol de la Russie, est orné de belles peintures. Tout autour, sont gravés sur les murs les faits principaux de la campagne de 1812.

Jeudi 7 juin/26 mai.

Aujourd'hui doit avoir lieu l'inauguration du temple du Sauveur, que nous avons visité hier. Les ambassades de France n'assisteront pas à cette cérémonie, à laquelle elles n'ont du reste pas été invitées, et j'ajoute que chaque fois qu'un Russe a eu occasion de nous parler du temple du Sauveur, il a eu la délicatesse de nous faire observer que ce monument n'a pas été élevé à la mémoire des soldats morts en combattant contre Napoléon, mais au Tout-Puissant, qui a détruit notre armée, en déchaînant les éléments contre elle.

Nous avons donc décidé que nous irions aujourd'hui visiter le couvent de Saint-Serge, situé à trente verstes environ de Moscou, sur le chemin de fer de Jaroslav. Au bout de deux heures, nous apercevons sa haute tour et ses coupoles de différentes couleurs; cinq d'entre elles, peintes en bleu et parsemées d'étoiles d'or, attirent principalement le regard.

Saint Serge, qui vivait au xive siècle, éleva ce couvent au milieu d'un pays alors sauvage et boisé. Les bois subsistent ; mais un village a été construit près du monastère. Serge y vécut quelque temps dans la pauvreté ; bientôt cependant la renommée de ses vertus s'étendit au loin et, lorsque le grand-duc Dimitri eut à repousser l'invasion des Tartares, il vint demander à Serge sa bénédiction. Serge mourut, laissant un couvent prospère, grâce aux dons qui affluaient déjà de toutes parts ; mais bientôt des bandes tartares y mirent le feu : le couvent, réédifié par son successeur Nikou, ne tarda pas à prendre un développement considérable.

L'enceinte percée de deux portes a une longueur de sept cents sagènes[1].

1. La sagène est de 2 mètres 133 millimètres.

Abrités par elle, les moines soutinrent, au XVIIᵉ siècle, un véritable siège contre les Polonais. L'église de la Trinité, la plus importante de toutes, contient les reliques de saint Serge et une image peinte sur le couvercle de son ancien cercueil représente l'apparition de la Vierge au saint. Cette image a été plusieurs fois confiée aux troupes partant en campagne ; sous Pierre le Grand, contre les Suédois, en 1812 contre les Français et en 1855, pendant la guerre de Crimée. Dans le sanctuaire principal de l'église de l'Assomption est un aigle russe en bois, ciselé, dit-on, par Pierre le Grand.

Ces églises, toutes richement ornées, sont bâties à quelque distance les unes des autres et surmontées de coupoles brillantes. Au milieu du couvent, sur une sorte de place, s'élèvent un clocher d'une hauteur prodigieuse, un obélisque de pierre sur lequel ont été relatées les époques malheureuses de la Russie — la domination des Tartares et les incursions des Polonais, poussés par le pape et les jésuites, — dit l'inscription, et une fontaine en forme de croix, par les bras de laquelle s'écoule l'eau.

C'est aujourd'hui la fête de l'Ascension et les pèlerins sont nombreux. Ils viennent de toutes les parties de la Russie pour demander à Dieu de bénir leurs récoltes ou de guérir leurs maladies. Pauvrement vêtus, les jambes entourées de bandelettes, ils ont aux pieds des chaussures bizarres en écorce de bouleau. C'est un spectacle étrange que de les voir par petits groupes, les uns assis sur les marches d'une église, les autres couchés à l'ombre, d'autres buvant ou se lavant la figure à la fontaine, qui a la réputation de guérir les maladies d'yeux. Ils nous dévisagent avec la même curiosité que nous mettons nous-mêmes à les examiner. Ces pèlerins sont nourris au couvent. Assis à de longues tables, ils plongent leur cuiller de bois dans de grandes écuelles, autour desquelles dix d'entre eux mangent ensemble, tandis que debout, derrière, d'autres attendent avec impatience qu'une place devienne libre. Les couleurs de leurs vêtements, toujours

11.

voyantes quoique ternies par l'usure, sont bien orientales, et donnent à cette scène l'aspect le plus original.

On nous montre le trésor; des richesses innombrables y sont accumulées. On y voit notamment un grand vase rempli de perles, des ornements d'église offerts par les tsars, et, à côté, des vêtements plus humbles ayant appartenu à saint Serge. Au moment où nous sortons, nous nous croisons avec une bande de pèlerins qui vont à leur tour visiter le trésor. Ils ouvrent leurs grands yeux doux et fixes sur toutes ces merveilles amoncelées.

Le sentiment religieux est toujours très vif dans le peuple russe et l'on est frappé de voir les marques extérieures de profonde dévotion prodiguées par les moujiks devant les églises ou les images saintes. Les prêtres sont moins édifiants ; je ne veux pas dire par là qu'ils aient l'air de ne point croire à ce qu'ils pratiquent, mais il leur manque l'aspect respectable des prêtres catholiques. L'instruction de ces derniers est, du reste, bien supérieure à celle des popes.

Nous sommes ensuite introduits dans le réfectoire des moines qui, contrairement aux popes, prononcent les vœux de chasteté. Les moines d'ordre inférieur sont assis devant deux tables placées le long du mur. En travers et à l'extrémité de la salle, une autre table est réservée aux principaux de la communauté. Au centre, debout devant un pupitre, l'un d'eux lit un passage de l'Écriture sainte, pendant le repas qui nous paraît frugal. A côté du réfectoire est la cuisine où l'on nous a préparé des assiettes pleines d'une soupe aux choux que nous aurions peut-être trouvée bonne, sans les morceaux de poisson dont elle était mélangée et dont l'excellente eau-de-vie qu'on nous a donnée ensuite n'a pu chasser le goût insupportable.

L'empereur et l'impératrice ont fait une retraite au couvent avant le couronnement. On nous laisse pénétrer dans les appartements fort modestes qu'ils ont occupés. Quelques petits ronds de papier ayant servi à entourer le dessert, dont les moines n'ont sans doute pas coutume de faire usage, collés aujourd'hui par la pluie sur le balcon de la salle à manger, indiquent seuls le passage de ces hôtes illustres.

Comme de vrais pèlerins nous achetons avant de partir des croix et des médailles. Les croix sont en bois ; d'un côté est le portrait de Notre-Seigneur, de l'autre celui de saint Serge. Les médailles sont en métal, comme celles que l'on vend dans tous les pèlerinages de France, mais la tête et les mains du saint y sont peintes en creux.

Vendredi 8 juin/27 mai.

Moscou possède un hospice d'enfants trouvés qui passe pour être la plus vaste maison de bienfaisance d'Europe. Les murailles blanches et les jardins qui l'entourent, la propreté qui y règne ne donnent pas à cet établissement ce cachet triste et sombre qui est le propre de nos hôpitaux. Trois fois aujourd'hui le directeur a accompagné des visiteurs; il veut bien parcourir encore avec nous l'hospice pour nous le montrer dans tous ses détails.

Cet établissement fut fondé en 1763 par l'impératrice Catherine II et n'avait alors pour but que de recueillir quelques enfants destinés à rester à Moscou et à y apprendre un métier. Les épidémies qui sévirent à différentes époques rendirent nécessaire leur envoi à la campagne. Ce système a prévalu et aujourd'hui l'administration ne conserve à l'hospice que des enfants légitimes, orphelins d'officiers et de fonctionnaires. Cette institution nouvelle fut créée par l'empereur Nicolas après le terrible choléra de 1830. Nous voyons quelques-uns de ces pauvres petits êtres, fort propres et fort bien élevés, qui ne seraient pas à plaindre sans les tristes circonstances qui motivent leur présence en ce lieu. Ainsi restent seuls et définitivement à l'hospice les enfants dont je viens de parler. Les autres, presque tous illégitimes, sont d'abord allaités à la maison, puis envoyés à la campagne pour être dispersés dans le gouvernement de Moscou et dans les gouvernements limitrophes, où ils sont confiés à des nourrices scrupuleusement surveillées par des inspecteurs.

Les nouveau-nés sont reçus, jour et nuit, sans la moindre formalité, tandis que les enfants qui comptent déjà quelques mois doivent être munis d'un certificat de baptême. Ceux ayant plus d'un an peuvent être admis jusqu'à l'âge de cinq ans, mais par faveur spéciale. Dès son arrivée, l'enfant est lavé, pesé, enregistré, et l'on délivre à la personne qui l'a apporté un cachet indiquant le numéro sous lequel il a été inscrit. Les mères qui désirent allaiter leur enfant sont admises comme nourrices, mais, au bout de six semaines, le nourrisson est envoyé à la campagne. Quelquefois aussi, mais

seulement lorsque l'enfant est muni
d'un certificat de baptême, l'administration le confie à sa propre mère qui
reçoit un subside pendant trois ans.
Les garçons, placés à la campagne chez
des paysans, sont occupés pour la
plupart à la culture; mais l'administration a soin de faire apprendre différents métiers à beaucoup d'entre
eux; ils sont alors placés soit dans les
chefs-lieux de district, soit même dans
des ateliers à Moscou. Quant aux filles,
le séjour de cette ville leur est interdit, et c'est par exception que la maison des enfants trouvés en utilise
quelques-unes comme bonnes, dans
les sections d'allaitement. A seize ans,
elles peuvent se marier à leur gré
et reçoivent une dot de cinquante

roubles. Les filles non mariées et les garçons touchent à vingt et un ans, les unes trente roubles, les autres trente-cinq et cessent, à dater de ce jour, d'être à la charge de l'hospice. Toutefois, les filles qui se marient dans le courant de l'année reçoivent un supplément de trente roubles, réduit à quinze si elles épousent un pupille de la maison.

Grâce à ces mesures, l'infanticide est inconnu à Moscou, par la raison que la mère accouchant clandestinement peut cacher sa faute en déposant immédiatement l'enfant à l'hospice, où, grâce au cachet qu'elle emportera, elle pourra toujours avoir de ses nouvelles, et le reprendre plus tard si bon lui semble. Cette façon de procéder, moins inhumaine que le tour et cependant fort simple, présente, à mon sens, un seul inconvénient, celui de rendre possible aux femmes mariées l'abandon de leurs enfants et de nuire ainsi à l'esprit de famille; mais ce fait ne se produit que dans des cas d'extrême misère. Je crois que l'administration française, toujours attardée dans la routine, ferait bien d'étudier le fonctionnement de la maison de Moscou dans laquelle, s'il y a un peu à laisser, il y a surtout beaucoup à prendre.

En ce moment le nombre des pupilles de l'hospice est de quarante-deux mille. Le chiffre des nourrissons soignés à la maison, avant leur départ pour la campagne, varie de huit à treize cents.

Nous parcourons successivement les dix-neuf vastes pièces où sont alignés les berceaux. Derrière chaque berceau se tient une nourrice bien vêtue et coiffée d'un *kakochnik* dont la couleur change suivant les sections. Sur une table, à l'extrémité de la salle, est une balance où l'on pèse les enfants pour surveiller leur développement. Tout cela est propre et bien tenu. On nous fait voir la cuisine, l'étable des vaches destinées à la vaccine, et enfin le bureau de réception et d'enregistrement. Cinq ou six femmes tenant un enfant sont assises attendant leur tour; presque toutes vieilles, elles ne sont pas les mères; celles-ci viennent rarement elles-mêmes. Trois jeunes femmes attachées à la maison dirigent ce bureau ; l'une enregistre l'enfant et donne le reçu, une autre le lave, une troisième pèse le nourrisson, qui est immédiatement envoyé dans les sections d'allaitement pour y être confié à une nourrice. Ce spectacle cause une impression pénible à des étrangers ; mais en y réfléchissant on surmonte bientôt cette répugnance, et l'on comprend la tranquillité de parents rassurés, par l'organisation de l'asile, sur l'avenir de leurs enfants, et certains de pouvoir les retrouver quand ils le voudront.

Samedi 9 juin/28 mai.

En Russie comme en Allemagne, les revues n'ont jamais lieu le dimanche. La parade qui doit clore les fêtes du couronnement est fixée à dix heures pour éviter aux troupes la grande chaleur. On ne pense pas ici, en effet, que les solennités militaires fassent partie des réjouissances du peuple, et cependant la foule qui encombre la route nous montre que les habitants de Moscou, friands de ce spectacle, ont trouvé moyen, malgré l'heure matinale, de s'y transporter.

A la porte du palais Petrowski sont les chevaux destinés aux officiers étrangers. Aussitôt arrivés, aussitôt

en selle. Nous nous plaçons à gauche
devant la grille, tandis qu'à droite sont
rangés les aides de camp de l'empereur. Chacun de nous porte la croix
qu'il a reçue la veille. A peine sommes-
nous tous placés que l'empereur paraît
à cheval, suivi du grand-duc héritier,
ataman général des cosaques, vêtu
de l'uniforme bleu que portent ceux
de son régiment. L'impératrice est
dans une voiture de parc traînée par
quatre chevaux attelés à la Daumont.
Sur le siège de devant, Mme la grande-
duchesse Marie et Mme la duchesse
d'Édimbourg; derrière, l'impératrice
et Mme l'archiduchesse Marie-Thérèse.
Le cortège se forme et nous suivons le
tsar devant le front de la première
ligne, pour aller nous placer ensuite

au pied des tribunes, tandis que l'empereur, trottant à hauteur de la voiture de l'impératrice, suivi des princes et de son état-major, passe successivement devant tous les régiments.

La garde, presque au complet, et quelques régiments de ligne sont là sous les armes. L'infanterie de la garde, qui ne se distingue de la ligne que par un liséré rouge au vêtement et par la plaque qui remplace sur le bonnet l'aigle à deux têtes, comprend la vieille et la jeune garde et aussi la garde polonaise qui tient garnison dans la province de la Vistule, et dont les parements sont jaunes, aux couleurs de la Pologne. Sa cavalerie se compose de cuirassiers, de grenadiers,

de hussards, de uhlans et de cosaques.
La cavalerie de la garde n'a pas de
dragons, qui sont aujourd'hui avec les
cosaques les seuls cavaliers de l'armée
proprement dite. Ils ont à peu près
l'uniforme de l'infanterie et portent le
sabre pendu à un baudrier dont le
point d'appui est sur l'épaule droite.
C'est ainsi, du reste, que le porte toute
l'armée à l'exception de la cavalerie
de la garde.

Après avoir parcouru le front des
troupes, l'impératrice prend place
dans la tribune où se trouve déjà le
corps diplomatique. Devant cette
même tribune est l'empereur ayant à
droite son état-major, à côté duquel
nous nous trouvons nous-mêmes.
Alors commence ce que nous appelons

en France le défilé. Les troupes passent devant nous en marchant de la gauche vers la droite. En tête les deux écoles militaires, puis l'infanterie de la garde au port d'arme, marchant d'une allure un peu moins rapide que la nôtre, mêlée de ses chasseurs à pied qui défilent au pas gymnastique. En passant devant l'empereur, ces hommes le saluent de la voix, et, lorsqu'il leur répond en les félicitant sur leur belle tenue, tous répondent à leur tour par la formule consacrée : « Nous sommes heureux de faire notre devoir ». La plupart des régiments de la garde sont commandés par un général. Le grade de major n'existant pas dans ce corps, chaque bataillon est conduit par un colonel.

Dans l'infanterie, les officiers subal-
ternes portent sur le dos un sac plus
léger que celui des hommes, et pouvant néanmoins contenir des vêtements de rechange. Je crois que si
l'on autorisait nos officiers à faire
l'essai de ce sac pendant les grandes
manœuvres, ils le trouveraient plus
commode que la sacoche dont ils font
usage.

Nous remarquons surtout Préobrajenski, dont le grand-duc Serge commande le 1er bataillon, et Semenovski,
déployant tous deux les huit drapeaux
qu'ils ont reçus le jour de leur fête ;
puis Pavloski — de l'empereur Paul
— où tous les hommes doivent avoir
le nez retroussé, ce qui leur donne un
air de famille. Ils portent sur la tête

la mitre, ancienne coiffure des grenadiers du grand Frédéric [1], long bonnet
pointu dont le devant est formé d'une
plaque triangulaire. Pavlovski ne met
que dans les circonstances solennelles
ces mitres qui sont soigneusement
conservées. La plupart d'entre elles
sont percées. Une balle est passée par
là, et à l'intérieur on peut lire le nom
de ceux qui furent frappés en les portant. Vieux souvenirs, traditions qui
contribuent à développer l'esprit de
corps et à entretenir chez les hommes
une émulation salutaire. Quoiqu'ils ne

1. Un officier du 1er régiment à pied de la garde
prussienne a légué tous ses biens à ce régiment,
à condition qu'il porterait à perpétuité la mitre
au moins deux fois par an. Les revenus de ce
legs, sur lesquels sont prélevés les fonds destinés à l'entretien de cette coiffure, constituent
pour ce corps une fo.tune considérable.

soient pas noircis et déchirés seulement par les batailles, ces vieux drapeaux, dont plusieurs n'ont plus que leur hampe, inspirent un profond respect. Bien des générations ont servi autour d'eux, et ceux à qui ils sont aujourd'hui confiés auront à cœur de se rendre dignes de leurs devanciers.

La manie d'égalité, dont les effets se sont étendus chez nous jusque sur l'armée, en uniformisant les tenues sous prétexte de faciliter la mobilisation, a effacé bien des anciens souvenirs, que les quatre noms de bataille inscrits sur les drapeaux de nos régiments ne peuvent qu'imparfaitement remplacer.

L'un des régiments de grenadiers a pour *chef titulaire* l'empereur Guillaume. L'usage de conférer le commandement honoraire d'un corps à un souverain étranger, très fréquent aussi en Autriche et en Allemagne, a provoqué pendant la campagne de 1866 un incident singulier. Le régiment autrichien qui avait pour chef le roi de Prusse, et le régiment prussien de l'empereur d'Autriche, se sont trouvés face à face sur le champ de bataille de Kœniggrætz.

L'artillerie défile ensuite. Son uniforme entièrement noir lui donne un aspect sévère. Les pièces, remarquablement alignées, ne sont pas suivies de leur caisson. Sur le coffre d'avant-train sont assis trois servants; celui du milieu tient verticalement l'écouvillon, deux autres servants sont sur des sièges entre les roues de l'affût et la pièce.

Puis vient la cavalerie. Chevaliers-gardes, gardes à cheval, cuirassiers de l'empereur et cuirassiers de l'impératrice, tous vêtus de blanc, passent en soulevant derrière eux un nuage de poussière au travers duquel on ne distingue bientôt plus que leurs casques et leurs cuirasses; les cosaques de la garde, les grenadiers, dont la coiffure rappelle la mitre des Pavlovski. La chenille qui donne à cette mitre l'apparence d'un casque est placée en travers; derrière pend une queue de drap rouge et blanc, terminée par un pompon. Les hussards rouges du tsar passent devant nous au galop de charge, ce qui rompt complètement leurs lignes; puis les uhlans qui, grâce à une allure modérée, obtiennent un alignement des plus réguliers; les hussards verts de Grodno, les cosaques du Don dans leur blouse bleu foncé, le pantalon à bande rouge dans les bottes; et enfin les dragons suivis eux-mêmes des batteries à cheval.

La revue est terminée, l'état-major et les officiers étrangers se groupent autour de l'empereur à qui des sous-officiers apportent tour à tour *la situation* de leur régiment. Au même moment, dans la tribune de l'impératrice, un sous-officier du régiment de cuirassiers qui porte son nom est venu lui présenter un semblable document.

Le cortège retourne alors au palais

Petrowski et, tandis que les généraux prennent place à la table de l'empereur, nous trouvons dans les salles du rez-de-chaussée un déjeuner que nous prenons debout. Ce repas terminé, nous nous réunissons, groupés par nation, dans la grande rotonde du palais. Bientôt l'empereur et l'impératrice arrivent au milieu de nous et, s'arrêtant tour à tour devant chaque groupe, ils expriment le désir que chacun emporte de la Russie et de son hospitalité un bon souvenir. Ce souhait de haute courtoisie répond au sentiment que chacun éprouve au fond de son cœur.

Membres de la mission française, nous avons à nous louer de l'accueil particulièrement sympathique, fait par l'empereur à notre ambassade, et, pour mon propre compte, j'ai rencontré chez tous les Russes, avec lesquels je me suis trouvé en relation, la plus gracieuse cordialité.

Ce peuple doux et intelligent, à peine encore éclairé par une civilisation tardive, cette élégante aristocratie qui laisse néanmoins percer, par moments, sa rudesse primitive, ce souverain, maître absolu, entouré d'une cour qui a conservé presque intacts les usages du temps passé, ces fêtes dont le luxe asiatique est accentué par la physionomie tout orientale de la ville où elles ont été célébrées, laisseront un souvenir ineffaçable à l'esprit de ceux auxquels il a été donné de les voir dans ces circonstances solennelles. En quittant ce grand empire, je fais des vœux sincères pour que Dieu veille sur les destinées du peuple russe et sur celui qui le gouverne.

FIN